Teddy auf der Wiese

Bilder von Anny Hoffmann
Erzählt von Anne Peer nach einer Idee von H. Forster

„Heut meint es die Sonne gut“,
sagt der Teddybär und ruht
stillvergnügt im weichen Grase,
Sonnenbrille auf der Nase.

Bienen fliegen mit Gesumm
um den Wiesenklee herum.
Blüten duften süß und fein.
Teddybär schläft friedlich ein.

Hopp – da springt wer! Eins, zwei, drei –
ist's mit Teddys Ruh' vorbei.
Heupferdchen hat ihn erschreckt
und recht unsanft aufgeweckt.

Wuppdiwupp – in weitem Bogen
kommt es durch die Luft geflogen.
Teddy mach kein Angstgesicht,
denn das Heupferd beißt dich nicht.

Schöner, bunter Schmetterling!
Komm her zu mir, du Flatterding!
Sei so gut und halte still,
weil ich dich gern fangen will!

Teddy schleicht auf leisen Sohlen,
denn er will den Falter holen,
geht verkehrt, dreht sich nicht um.
Teddy, das ist wirklich dumm!

Wer sitzt hier im weichen Grase –
spitze Stacheln, Schnüffelnase –
und liest Zeitung froh und heiter?
Teddy wandert rücklings weiter.

Schon hüpft er auf einem Bein
und fängt furchtbar an zu schrei'n:
„Au! Auweh! Ich armer Bär!
Au! Mein Rücken schmerzt so sehr!"

Dicke Tränen weint er nun.
„Kann ich etwas für dich tun?“,
fragt der Igel, schaut sich dann
gleich den Bärenrücken an.

Teddybär weint nur noch leise.
Schließlich sagt der Igel weise:
„Dreh nach vorne dein Gesicht,
denn verkehrt rum geht man nicht.“

Schon ist alles wieder gut,
Teddybär hat wieder Mut,
und er muss sich fleißig bücken,
will die schönsten Blumen pflücken.

Doch das Bücken ist beschwerlich
und am Bachrand sehr gefährlich.
Lass die Glockenblume steh'n!
Noch ein Schritt, dann wird's gescheh'n.

Quack! ruft's warnend auf dem Stein.
Teddy rutscht und fällt hinein –
pitsche, patsche – in den Bach,
und die Blumen fliegen nach.

Ist das nicht ein böser Spaß?
Teddybär ist klitschenass.
Immer tiefer muss er sinken
und womöglich noch ertrinken!

Doch in seiner größten Not
und bevor ihm Schlimmes droht,
sind drei Helfer schon zur Stell',
retten unsern Teddy schnell.

Mit dem Seil und starker Hand
ziehen sie ihn gleich an Land.
Selbst die Fische sieht man lachen
und erstaunte Augen machen.

Die drei Zwerge lachen sehr
und sie sagen: „Dummer Bär!
Wenn man nicht gut schwimmen kann,
geht man an den Bach nicht ran!“

„Liebe Zwerge, danke sehr!
Das passiert mir niemals mehr.
Tropfnass lauf ich jetzt nach Haus.
Lacht mich bitte nicht mehr aus!“

Gesamtherstellung: Tandem Verlag GmbH, D-14469 Potsdam

www.tandem-verlag.de

ISBN 978-3-8427-0577-7